AF623897

भारतीय ज्ञानपीठ

भारतीय ज्ञानपीठ

जिस तरह घुलती है काया

(कविता-संग्रह)

प्रकाशक / लेखक की अनुमति के बिना इस पुस्तक को या इसके किसी अंश को संक्षिप्त, परिवर्धित कर प्रकाशित करना या फ़िल्म आदि बनाना कानूनी अपराध है।

जिस तरह घुलती है काया

वाज़दा ख़ान

भारतीय ज्ञानपीठ

लोकोदय ग्रन्थमाला : ग्रन्थांक 976

ग्रन्थमाला सम्पादक
रवीन्द्र कालिया
सह-सम्पादक
गुलाबचन्द्र जैन

पहला संस्करण : 2009
दूसरा संस्करण : 2010

ISBN 978-81-263-1936-7

प्रकाशक :
भारतीय ज्ञानपीठ
18, इन्स्टीट्यूशनल एरिया, लोदी रोड
नयी दिल्ली-110 003

मुद्रक : रुचिका प्रिंटर्स, दिल्ली

आवरण-चित्र : वाज़दा ख़ान
आवरण-सज्जा : ज्ञानपीठ कला प्रभाग

दूसरा संस्करण : 2010
मूल्य : 120 रुपये

© वाज़दा ख़ान

JIS TARAH GHULTI HAI KAYA
(Poetry)
by Vazda Khan

Published by
Bharatiya Jnanpith
18, Institutional Area, Lodi Road
New Delhi-110 003
e-mail : jnanpith@satyam.net.in, sales@jnanpith.net
website : www.jnanpith.net

Second Edition : 2010
Price : Rs. 120

बड़ी बहन डॉ. अफ़रोज़ ख़ान
और मित्र गोकर्ण सिंह को

अनुक्रम

शब्द

शब्द, देह में
घुलमिल जाते हैं जब

ढूँढ़ पाना उन्हें
होता है कितना मुश्किल

मगर वही शब्द शब्दकोश में
कितनी आसानी से
मिल जाते हैं।

आहटें

वे आहटें मुझ तक नहीं आएँगी
वे उजाले के दीये मुझ तक नहीं आएँगे
आते हैं मुझ तक वो क़ाफ़िले जो रेतीली
सरहदों में चला करते हैं

अक्सर रूहें पाँवों के निशान छोड़कर
क़ाफ़िले में ही आगे बढ़ जाती हैं

उन निशानों पर कभी तेज़ हवा ढूहें बनाती है
कभी उन्हें अपने संग उड़ाकर ले जाती है।

लकीरें

उग आया है अँधेरा
अपनी तमाम शाखाओं–प्रशाखाओं के संग
आकाश / चिड़िया / पेड़ / पौधे / दीवारें / सृष्टि सभी
विलीन हैं स्याह अँधेरे के आलिंगन में
यहाँ तक कि हाथ की लकीरें भी

लिखा होता है जिसमें इतिहास / वर्तमान / भविष्य...
चलो कहीं और चलकर तलाशें रोशनी
पा सकेंगे तब हाथ की रेखाओं के संग-संग
पेशानी पर पड़ी लकीरों को भी।

शिकार

विषादयुक्त चेहरे
चेहरों पर चढ़े मुखौटे
टँगे हैं जैसे खूँटी पर

एक दो तीन चार...
गिनती में शायद वे दस हैं

तलाशते हुए कोई शिकार।

आईना

यक़ीन करो मुझ पर
तुम्हारा ही आईना हूँ मैं
वे ख़्वाहिशें जो सींचती रही हैं मुझे
तुम्हें पाने की ही ख़्वाहिश थी

यक़ीन करो जो मुझ पर
ढूँढ़ती थी जब ज़िन्दगी साहिल
निगाहों में तुम्हारा ही अक्स हुआ
करता था, वे अनुभूतियाँ
जो अत्यन्त रेशमी कोमलता से जीवित थीं

वजूद के भीतर मुझमें
यक़ीन करो जो मुझ पर
उनके सृजनकर्ता तुम ही थे।

बूँद

बारिश में भीगी
घास पर अटकी
ओस की बूँद

गिर जाएगी अभी
ज़मीन पर
हो जाएगी दफ़्न
मिट्टी तले।

तलाश

सहमा सूरज
सहमा आसमाँ

सहमी राहें
सहमे सपने

सहमे दुख
सहमे पल

सहमी ख़्वाहिशें
सहमी ज़िन्दगी

सदियों से
जड़ पाने की तलाश में।

तेरे सिवा

ख़्वाहिशें और भी हैं इक तेरे सिवा
अरमाँ और भी हैं इक तेरे सिवा

तू जो मिला कायनात बनकर
ज़िन्दगी और भी है बाक़ी
इक तेरे सिवा

राहें और भी हैं
जो देती हैं पता मंज़िल का
इक तेरे सिवा।

बीचोंबीच

निश्चित तौर पर खड़ी है वह
बीचोंबीच समुद्र के
चारों ओर अथाह जलराशि

ज़मीं होगी कहाँ
समुद्र तल पर या
समुद्र पार करके ?

अनुभूतियाँ

तुम शब्द दो मुझे
आदिमकाल से आज तक के

लिख दूँगी
तुम्हारे और अपने संघर्षों का दस्तावेज़

इतिहास के तौर पर नहीं—
अनुभूतियाँ वही हैं आदिमकाल से
आज तक

जिन्हें हम कह सकते हैं कि
ढल गयी है वे परम्पराओं में।

अन्तराल

अन्तर्मन में रचा संसार और
बाह्य आवरण का संसार

न जाने क्यों अलग-अलग
ध्रुव बन जाते हैं

फिर तादात्म्य स्थापित करने के
प्रयास में निरन्तर

अन्तराल ही बढ़ाते जाते हैं।

ज़मीन

सतह से जुड़ी तमाम जड़ें
फैलना चाहती हैं ज़मीन पर
बिना खाद पानी के ही

बस उनसे कहो सहमें / सिकुड़ें नहीं
फैलती जाएँ अमर बेल-सी चहुँ दिशा में

ख़ुद-ब-ख़ुद बन जाएगी तब
उनकी एक ज़मीन

फिर देखना लोगों का हुजूम तारीफ़ में
क़सीदे पढ़ेगा, जो आज
उनके सहमेपन की आलोचना करते हैं।

जंगल

तमाम घने जंगलों में,
इक जंगल मैं भी हूँ, न काटे जाने
के प्रयास में प्रयत्नशील

दोनों हाथों से निरन्तर
नन्ही-नन्ही बाड़ लगाने का
प्रयास, सफलता!

कौन जाने?

अपनी अपनी सलीब

अनगढ़ ज़िन्दगी में उकेरी
भावनाओं की प्रस्तरशिला, बैठी है
भीतर ही कहीं छुपकर

जो समय की छेनी हथौड़ी से
गढ़कर न जाने कितनी
अभिलाषाओं को अमूर्त्त
आकार देती है

और ये अमूर्त्त आकार
देह और मन की शिराओं में भीड़ बन
गड्डमड्ड होते, एक दूसरे से
टकराते, प्रहार करते

मूर्त्त बनने की चाह में अपनी
राहों से भटक जाना
चाहते हैं, यदि वे
अनजाने / अनचीह्नी पगडंडियों पर
भटक गये तो फिर उन्हें
सहेज पाना मुश्किल होगा

मगर इन अमूर्त्त
आकारों को मूर्त्त रूप में

ढालना, एक
आभासित होता सपना
शायद अभी भी
अपने-अपने सलीब उठाये
जीवित हैं।

छटपटाहट

टूट-टूटकर पिघल रहे हैं
कहीं दूर शिखर
बेआवाज़ / निःशब्द

कोई नहीं जान पाएगा उनके
अन्तस में उपजी पीड़ा को
कोई नहीं जान पाएगा उस समुद्र
की छटपटाहट को जो सिर पटकता
है तट पर बिखरी चट्टानों पर

मगर उसे वापस मझधार में
जाना होता है,

लहरें गिनती रहेंगी युग, होता
रहेगा सृजन, घूमती रहेगी पृथ्वी
धुरी पर, छितराये
मेघ-सी बिखरती रहेंगी
संवेदनाएँ कहीं, जूझता रहेगा
स्वत्व देह में घूमते भँवर-सा

भीगती रहेंगी इच्छाएँ सावन में
बौछारों-सी, आते रहेंगे चक्रवात
डोलता रहेगा सागर ज्वारभाटा के

बीच, हिमनद मिलते रहेंगे पहाड़ों से

इसी क्रम में अश्व-सा दौड़ता कालचक्र
शिखरों से टकराकर, पृथ्वी पर
गुज़रकर, लहरों के संग
भागता रहेगा निरन्तर...

कभी-कभी गूँजती रहेगी
एक ध्वनिऽ...ऽ...ऽ... अनहद नाद-सी—
तोड़ना था तो जोड़ा क्यों था?

नया दौर

बीनती हूँ तुमसे अपने सपने
लेकर उन्हें आकाश में भरती हूँ उड़ान

उन्मुक्त स्वतन्त्र
तुम्हारी ढेर सारी प्रेम हिदायतों के साथ
जहाँ सितारों को हथेलियों में भरकर
उनसे लिखती हूँ बादलों पर
एक श्वेत कविता
''तुम मेरे संवेदना पुरुष हो''

टटोलती हूँ इन शब्दों को अपने भीतर
प्रचंड वेग से घुमड़ती रक्त शिराओं
के संग अवशेष बन चुकी
उन ख़्वाहिशों में जो ज़ाहिर करती
हैं आईने का पीलापन

पीलापन शनैः शनैः छाने
लगता सम्पूर्ण वजूद पर,
तब जैसे ज़िन्दगी ढल जाती है
एक मुजस्समे में,

कभी-कभी
वह पीलापन समेट लेते हो तुम
अपने दामन में, डाल देते हो उन्हें

मुझसे बहुत दूर ब्रह्मांड के
दूसरे छोर पर, फिर देते हो
मुझे एक नयी लालिमा /नयी किरन/

नया दौर।

ब्रह्मांड

बन्द है मुट्ठी
मगर मेरी है, जब चाहे
खोल सकती हूँ

हथेलियों की लकीरों को
गिन सकती हूँ
इसी तरह उगते हैं सपने भी
ज़मीन पर, बशर्ते
तुममें माद्दा हो टिकने का
पाँव धँसे हों गहराई तक
ज़मीन के भीतर

पुरातन से पुरातन होते जाएँ
सपने लेकिन पलते रहें
अनवरत स्मृतियों के कैनवास पर
इन्द्रधनुष रंगों की जिजीविषा में
गुंजित होता रहे मानस
गूँजता रहे हृदय में
अनहद नाद

फिर एक ज़मीन के साथ
जब तब होता रहे उरेहन
स्वप्नों पर सवार एक ब्रह्मांड का।

क्षण

तुम मुझसे कुछ मत कहो
ढूँढ़ लूँगी मैं स्वयं
गोद में तुम्हारी सुख के कुछ क्षण जो परिभाषित करेंगे मुझे
पुन: एक नयी शक्ति और ऊर्जा से

फिर से चलने लगूँगी मैं
जैसे बीती सदियों में तमाम रात
चलती रही हूँ निरन्तर
चलते-चलते, धीमे-धीमे दौड़ने लगूँगी, फिर
और तेज़ी से दौड़ने का प्रयास करूँगी

छोटे-छोटे असंख्य सितारों के बीच
रास्ता बनाते हुए उस सूरज
के पीछे, जो मेरी नज़र के सामने से
भागता हुआ तेज़ी से
ओझल हो रहा है।

धूप

हरी दूब पर बर्फ़-सी बिछी सफ़ेद धूप
गढ़ रही है अपने कुशल हाथों से तमाम अक्स
आसमान के माथे पर सूरज टँकने के बावजूद
अस्पष्ट हैं आकृतियाँ

अस्फुट से हैं स्वर कुछ बुदबुदाहटें हैं
अकथनीय है जीवन की परिभाषा
बहरहाल चलो रू-ब-रू होते हैं दूब के संग
जो साहस और शिद्दत के साथ
सूरज का सामना करती हुई
पाँव तले रौंदे जाने पर भी शीश उठाये
खिली है

कहीं यह उसकी मजबूरी तो नहीं?

और मैं ?

बीन रही हूँ मैं अपनी ख़्वाहिशों के टुकड़े
जो तुमसे टकराकर चिन्दी-चिन्दी बिखर गयी हैं

कैसे सिलूँ इन्हें कि कोई जोड़ न आये
कोई झोल न आये, ये ख़्वाहिशें
बहुत हसरत से बीनी थीं मैंने तुम्हारे लिए ख़ैर
नि:शब्द दफ़्न कर लूँगी इन्हें हृदय में
हमेशा-हमेशा के लिए

मगर वे टिमटिमाते दीप... ?

हो सकता है यह मेरी कल्पना हो, ठीक-ठीक
कुछ भी निश्चित नहीं
ज़िन्दगी की पगडंडियाँ, कटी-फटी
जाल-सी परस्पर उलझती हुईं
किसी पगडंडी पर लड़खड़ाते हुए
न जाने कैसे मैं तुम तक पहुँच गयी

यक़ीन करो मेरा, कभी नहीं चाहा था ऐसे
यक़ीनन इसके बीज कहीं-न-कहीं तुम्हारे भीतर
दिखाई दिए थे मुझे

जानती हूँ तुम्हारी आकांक्षाएँ
निश्चय ही प्रज्ज्वलित करेंगी मशाल को
क्योंकि एक सम्पूर्ण सदी हो तुम

और मैं... ??

अपना पूरा जीवन रेशा-रेशा उधेड़ती-
बुनती रहूँगी तमाम बेचैन रूहों के साथ
जो तुमसे विरासत में मिली हैं।

तपते रेगिस्तान में

काली हाँड़ी में पकते सूरज से लेकर
क्षितिज पर तने
इन्द्रधनुष तक बनता है
एक सफ़र

जो सिफ़र है लेकिन
सिफ़र को लेकर
नहीं रखना है क़दम न ही आगाज़
देना है ख़्वाहिशों की मशाल को

चाहे काली हाँड़ी में
पकता रहे सूरज
क़यामत तक

चाहे इन्द्रधनुष भरता रहे
आत्मा में तृष्णा के रंग

चाहे हृदय / अस्थि / मज्जा/ रक्त ढूँढ़ते रहें
तपते रेगिस्तान में
सीपियों में क़ैद
इच्छाओं के मोती

मगर सिफ़र को लेकर
नहीं रखना है क़दम
न ही देना है आगाज़

ख़्वाहिशों की मशाल को।

संघर्ष

ऐसा कोई सूरज नहीं / न चाँद
न देवता / न समुद्र
जो तुम्हें मुक्ति दिलाएगा

पत्थर हैं चाहो तो उन्हें बीन चुनकर
ख़ुद रास्ता बना लो

शिखर पर अकेले
घुटने / हाथों के बल चढ़ने का
प्रयास करो, कोई नहीं आएगा यहाँ
तुम्हारी ख़्वाहिशों को सँवारने
तुम्हारी कल्पनाओं को पंख देने
रेतीले ढूहों को घरों में तबदील करने

तुम्हारे इर्द-गिर्द बुनी गयी तमाम वर्जनाओं को
तोड़ने, तुम्हें ख़ुद से
सँवारनी होंगी ख़्वाहिशें अपनी,
स्वयं कल्पनाओं को विस्तार के
पंख देने होंगे, ढूहों को
घरों में तबदील करना होगा
वर्जनाओं को
तोड़ना होगा, परम्परागत लीक से
हटकर चलना होगा

और मुक्ति भी तुम्हें—

अपने आपसे संघर्ष करके पानी है, तब सृजित होगा
इतिहास, जिसमें अक्स होगा
तुम्हारी छटपटाती आरज़ूओं का जिन्हें
हमेशा से किसी-न-किसी पिंजरे में
क़ैद किया गया है तमाम सदियों से।

सन्नाटा

अभी-अभी चली गयी धूप
घिर गयी हैं घटाएँ

शायद बरस भी जाएँ

मगर निरन्तरता के क्रम में
अभी फिर निकल आएगी धूप
खिली-खिली मासूमियत से भरी
तब छेड़ोगे तुम शायद कोई राग
जो बना होगा हृदय के स्पन्दन से
मगर पथरा जाएँ जब संवेदनाएँ
हो जाता है सब कुछ बेमक़सद
बेआवाज़, रह जाता है इक सन्नाटा

सिफ़र को बुनता हुआ।

तमाम दिनों की सदाएँ

मुझे पता है समुद्र, जो आज
शान्त / निश्चल पड़ा, चाँद की रोशनी से
उगी परछाइयों में सो रहा है

एक न एक दिन उसमें लहर आनी है

मुझे पता है सर्द हवाएँ जो आजकल
रूखेपन के साथ चला करती हैं
एक न एक दिन उन्हें नर्म / कोमल

हवाओं में तबदील होना है

मुझे पता है तप्त ग्रीष्म की दुपहर को
एक न एक दिन बसन्त राग में
ढलना है

तब फिर गूँजेगा शिखरों
धमनियों / रक्त
शिराओं में एक अनहदनाद
जिसमें क़ैद होंगी हथेलियों की रेखाएँ
मोरचाबन्दी होगी
उन स्याह सायों की जो दीमक की तरह

उसके वजूद को खोखला कर देना
चाहते हैं उन तमाम दस्तावेज़ों / साक्ष्यों
के साथ

जिनमें रची गयी हैं आने वाले तमाम
दिनों की सदाएँ।

दीमकें

बहुत तेज़ी से हमला करती हैं
दीमकें

ऊपरी तौर पर दिखाई नहीं देतीं
मगर भीतर ही भीतर खोखला
कर देती हैं इनसान को

किसी दिन हवा के हल्के
झोंके से बालू के टीले-सा
भरभराकर गिर पड़ता है

फिर कभी न उठ पाने के लिए।

परछाइयाँ

क्षितिज पर सूरज बनकर
बाँटना अपनी किरणें उन
बीहड़ अन्धकारों में
जहाँ कुलबुलाती हैं ढेरों परछाइयाँ
कोटर से बाहर आने को

एक किरण की तलाश है उन्हें
निश्चित ही तुम्हारी किरण
उजाले में आने को उन्हें
विवश करेगी

खोलेंगी पलकें तो
पाएँगी
एक समूचा आकाश
उनकी प्रतीक्षा में
तना है, ब्रह्मांड के शीश पर
पूरी की पूरी चट्टान खड़ी है
शिखर बनकर, सूरज की लालिमा से
दमक रहे हैं उनके मस्तक, परछाइयाँ
बाँहें उठाकर अपनी
माँगेंगी उनसे मन्नत
कुलाँचे भरेंगी हवाएँ गगन में

तुम्हारी विजय पताका / यशगाथा लेकर
रू-ब-रू होगी
तब तुमसे तुम्हारी ही शै।

सृजन–1

रंगों की खोह में ढूँढ़ना
कल्पना के नन्हे बीज
देना उन्हें अपनी ऊर्जा का सत्व
ताकि वे बनें ख़्वाहिशों के
लहलहाते पौधे

सफलता की सुगन्ध के साथ
तबदील हो जाएँ मज़बूत वृक्षों में
जिनकी हर शाख पर
टँगे हों सपने तुम्हारे

उन सपनों को उठाना और खींच देना
फ़लक पर
भरना उनमें जीवन के
तमाम शेड्स
जो भूले बिसरे से रहते हैं उपेक्षा की
भीड़ में, देना उन्हें एक वजूद
सृजित करना उनमें स्पन्दन

पलकों पर अंकित हो
सत्य की ज़मीन, माथे पर उत्कीर्ण हो
अभिव्यंजना का सूरज
निश्चित ही होगी वह तुम्हारी

शाहकार कृति।

सृजन–2

सदी का आह्वान करना
देना है उसे नया आकार
बना लो आकाश को कैनवास
घोल दो घनेरे बादलों को आकांक्षाओं के
पैलेट में, बना लो हवाओं को माध्यम
चित्रित कर दो वक़्त को

वह अब तुम्हारा है

उठेंगे तमाम हाथ तुम्हारे उद्घोष में
ब्रह्मांड तक, सच ईमानदारी से पहचानना है
क्योंकि बनना है तुम्हें
शिखर पुरुष

रचना है तमाम टुकड़ा–टुकड़ा पड़ी
ज़मीन को, जिन्हें इन्तज़ार है
सदियों से उस कलादर्शन का
उकेरेगा जो उनकी रूह पर
सुप्त बेचैन ख़्वाहिशें
देगा उन्हें संजीवनी बूटी अपनी

कल्पना की कूँची से।

सृजन-3

देखते क्यों नहीं
उड़ते पंछी को
तैरते हंस को
नाचते मोर को
खिलते फूल को
अलसाये यौवन को
दहकते कपोलों को

क्या सौन्दर्य बोध (चेतना) से
बेख़बर हो तुम? केवल घिरती घटा के
साथी हो तुम?

जानती हूँ यह अक्षरश:
सत्य नहीं, तुम्हारे हृदय की
समुद्र-सी गहरायी में
खड़े हैं जहाज़ चौकसी के
कि हो न जाए कहीं संवेदनाओं
का आग़ाज़।

आकाश गंगा में तैरते दीप

जिस ज़मीं पर पड़े पाँव तुम्हारे
न जाने कितनी बार सिजदा किया
तारी हो गयी इक पाक ख़ुशबू
ब्रह्मांड में

दुआओं के असीम तोहफ़े
उग रहे थे सूरज की किरणों में
कायनात से लबरेज़ तुम्हारी पलकें
रोशन कर रही थीं उन चिराग़ को
जो बुझे पड़े थे सदियों से

तुम्हारी उजास स्मिति के पवित्र लम्हे संवेदना की
फुहार बनकर गिर रहे थे मुझ पर
भीगी थी उस फुहार में
मैं जी भर
सात सुरों के संग रंगों के ताल पर
नृत्य करती देह ढल रही थी
अनाम बिम्बों में

आरजुएँ लेने लगीं अँगड़ाइयाँ
देने लगीं सदाएँ
आकाश गंगा में तैरते दीपों को

जो किसी युग में
जलाये थे तुमने मेरे होंठों पर।

काला इतिहास

आकाश में उड़ रही है चील
शिकार की तलाश में

और चिड़िया बेख़बर मशगूल है
दाना चुगने में...

सीने पे उसके निशान हैं पंजों के
काला इतिहास लिए
मगर लोगों का मानना है कि
वह काला इतिहास
चील का नहीं बल्कि
तुम्हारा है।

नीली परछाइयाँ

उदासी में लिपटा मन
स्मृति की तमाम परतों को
खोल रहा है

जिनमें बन्द है
केवल और केवल

अपने ही संघर्षों से जूझती
नीली परछाइयाँ।

फैलती लतरें

विस्मृत नहीं होता
वह क्षण
जहाँ से मेरी ख़ुशियाँ
तिरोहित हो गयी थीं जाने कहाँ?

एवज़ में उग आया
एक बेतरतीब रेतीला जंगल समूची
देह में / रक्त धमनियों में
फैल रही हैं लतरें इस क़दर
कि जकड़ लेती हैं
मेरे साथ-साथ मेरी ख़्वाहिशों
को भी और अब

पाँवों से निकलकर लतरें
जमा रही हैं जड़ ज़मीन
के भीतर, तब स्थिर हो जाना होगा
वहीं उसी जगह, उन लतरों
की अनन्त शाखाएँ शनैः-शनैः
पनपती जाएँगी हाथ की उँगलियों में
आँखों के कोरों में यहाँ तक कि मुख
और जिह्वा में भी, ढँक लेंगी वे मेरा
पूरा वजूद अँधेरेपन के साये के साथ
तब मेरे भीतर उगते इस जंगल के

समानान्तर लगातार चलते रहने का
सपना निश्चित ही बिखर जाएगा
कतरा-कतरा
तुम चाहो तो इन लतरों को
काट-छाँटकर अलग ज़मीन पर
लगा सकते हो मगर तुम ऐसा
करोगे नहीं

क्योंकि ऐसा सोचना है मेरा
न कि तुम्हारा।

जिस तरह घुलती है काया

सुकून से लबरेज़ तुम्हारी मुस्कराहट
थम जाती है आकर मेरे अजनबी होंठों पर
अमूर्त्त विकलता के साथ

तारी हो जाती है गुनगुनाती थरथराहट
समूची देह में / अन्तर्मन में कहीं
थरथराहट के दूसरे छोर पर
तुम ही खड़े होते हो अकसर

बहुत प्रयास करती हूँ
हाथों की मुट्ठियाँ भींचकर
अदृश्य आवरण में लिपटी थरथराहट को रोकने का
बहुत जतन करती हूँ
क्षितिज के इन्द्रधनुष
से जो ख़्वाहिशों के नाम पर
तमाम ढूहे रच देते हैं से
अलग होकर निर्वस्त्र सतह
पर मजबूती से पाँव टिकाने का,

बहुत प्रयास करती हूँ
आकाश में टँगी
इबारतों को उदास / धुँधलाती
आँखों से पढ़ने का

निश्चित ही बीज इसके कहीं-न-कहीं
अंकुरित हैं जो सींचते रहते हैं
संवेदनाओं को बिना खाद पानी के
लहराती रहती है पलकों में
अनुभूत पीड़ा की फ़सल

जीवित रखती है मेरी उस
जिजीविषा को जो सदियों से
आत्मा के संग गुँथी है, अनायास
नहीं उपजी है

चलता रहता है इनका दौर
सहस्राब्दियों तक, कभी-कभी
आ जाते हैं पड़ाव
लेकिन वह इतना अस्थायी
होता है कि स्पर्श मात्र से
घुल जाता है समय के प्रवाह में

जिस तरह घुलती है काया
तुम्हारे विराग में।

अपंग मानवता

गूँज रही थीं फ़िज़ा में चीख़ें उसकी
उन चीख़ों की
कोई जाति नहीं थी, न कोई धर्म
देख रहे थे लोग क़तारबद्ध उसे
कौतूहल से

निरीह आँखों में उसकी
छिपी कातरता / तरलता को

ना थी पीड़ा को उसकी बाँट पाने की
कोई विवशता उनमें
लग रहा था मानवता परिवर्तित
हो गयी अपंगता में

जिसके हाथ-पाँव न थे
और न ही ज़बाँ थी
बैसाखी भी नहीं थी
जैसे खूँटी पर इक जगह
टँगी हो

अब तक देखा था
पिघलती हुई शमा को
आज देख लिया

पिघलती हुई मानवता को।

अधूरी मधुर तान

श्वेत हंस की क़तारों-सा आकाशगंगा में
तैरते सितारों ने, सदियों पहले बनाया था
एक सेतु जिस पर उड़ान भरी थी तुमने
तीव्र कामना के साथ कि
शब्दचित्र दूँगा मैं तुम्हारे नि:शब्द होते
जीवन को, सितारों के बीच सेतु पर
हमने पाँव टिकाये थे तब
अपनी ख़्वाहिशों के चित्र बुन रहे थे तुम
मेरे होठों पर, आकार सर्वथा मौन हो गये थे
थरथराता रहा केवल एक अव्यक्त सन्नाटा

नीले बादलों की नन्ही-नन्ही लहरें
बजा रही थीं वीणा, मधुर टंकार जिसकी
तान रही थी हम पर प्रेमदर्शन का चन्दोवा

इस अलभ्य दर्शन में गुम चाँद तपस्वी
ऋषि-सा, दे रहा था आशीर्वाद
कालजयी होने का

अन्ततः सौगात मिली इक जीवन
नीले-हरे आकाश के संग
तैर रहे थे जिसमें ख़्वाहिशों के असंख्य

उपग्रह, घुलते रहे जो देह में कण-कण
बजती रही बंशी अनहदनाद-सी

मगर तुम लौट गये उस मधुर तान को
अधूरा छोड़
नश्वर प्रेम की कामना लेकर।

बेआवाज़ कुंडी

सूप से टकोर कर मन अपना फैला दूँगी
आकाश की श्वेत दूधिया चादर पर
तुम चाहना तो चुन लेना वहाँ से
बुँरूश के फूल जिन्हें बीना था मैंने—
तुम्हारे लिए बियाबान जंगल में अकेले

देखना तुम एक दिन
इन फूलों के पौधे उगेंगे हर नदी की सतह पर
नन्हे-नन्हे आशादीप से

तैरते रहेंगे जल में कालहंस से
डैने फैलाये बदलते जाएँगे प्रकाश पुंज में
फैलाएँगे एक आभा जहाँ सूरज
निविड़ अन्धकार-सा दिखाई पड़ता है
अपने आप में समेटे तमाम अव्यक्त स्मृतियाँ
जिन्हें कुछ ही समय पहले
डाल आयी थी अन्धकूप में
स्वयं भी सीढ़ियाँ उतरती चली गयी थी तली तक
ऊपर मुहाने पर लगा दी थी समय ने
बेआवाज़ कुंडी

नीरव अन्धकार से भरे उस अन्धकूप में

घुटनों के बल बैठी मैं
टटोल रही थी हाथ की रेखाएँ

जो पड़ चुकी थीं
थकान / भय / सन्त्रास /
स्याह जीवन से नीली।

प्रार्थना

सूर्य की उनींदी किरणों-सी काल की
भयावहता उतर आयी जीवन की नदी में
प्रवाह तो है मगर सपाट, बेजान, बेआवाज़,
वग़ैर उतार-चढ़ाव के निःस्पन्द-सी बहती
तुम्हें समर्पित प्रार्थना होंठों ही होंठों
बुदबुदाती दे दो एक कालखंड

अश्वमेध यज्ञ-सा, निर्मित हो जीवन
विश्व अजेय-सा
उलीच दे जो ब्रह्मांड के समुद्रों का
खारा पानी, रच दे अपनी समग्रता
का इतिहास तमाम नदियों के जल के साथ
भासित हो जिसमें खुरदुरेपन के संग
मृदुलता / सौम्यता, फिर दे सकूँगी
मीठी लोरी से भरा सपना, फिर बुन सकूँगी
सुनहरा रेशमी आँचल जो ढँक लेगा
अतीत को, परन्तु वर्तमान और भविष्य
की कामना में प्रतीक्षारत अतीत अनन्तकाल से सूख रहा है अकालग्रस्त
पृथ्वी-सा
निश्चित ही पड़ जाएँगी उसमें दरारें
झाँकने लगेंगी तमाम बेतरतीब स्मृतियाँ

याद करेगी तब पुनः प्रार्थना
जो की थी उसने सहमकर
उस मौन भयावहता के लिए
जो चीरहरण-सा जीवन में उतर
आया था।

संवेदनहीनता

सूर्य की उनींदी किरणों में देखी
काल की भयावहता
खेत पड़े हैं सूने सपाट वैधव्य की
माँग रेखा से, पड़ रही हैं उजाड़
पृथ्वी में दरारें, फेरती है अपने
पपड़ाये होठों पर सूखी
जिह्वा, कंठ हो चला काँटे-सा
चुभ रहा है देह में तीखेपन के साथ

भीग रही है धरती
रक्त-रक्त से हो रही है लाल
नहीं दिखाई पड़ता कहीं हरापन

आकाश मौन सपाट
नहीं गूँज रही है कहीं कोयल की
कूक, नहीं कर रहा है नृत्य
कहीं किसी वन में मोर
हो रहे हैं यज्ञ, पड़ रही है आहुति
चला रही हैं हल स्त्रियाँ
होकर निर्वस्त्र, गीत गाती इन्द्रलोक
के द्वार तक, पर खुलते नहीं
देवताओं के सूने कपाट

पड़ती नहीं माथे पर उनके
करुणा की शिकन
क्या बन गये हैं अनश्वर लोक के
देवता नश्वर लोक के प्राणी की भाँति
संवेदनहीन।

तुम्हारा नाम

बारिश के छोटे-छोटे
सैकड़ों टुकड़े
बटोरे हैं मैंने साल भर

उन टुकड़ों पर नाम लिख-लिखकर
तुम्हारा धरती हूँ झील की कोख में
झील जिसे मैं लायी हूँ उधार
आसमान से

भर जाएगी झील
तुम्हारे नाम लिखे बारिश के
टुकड़ों से
तो लौटा दूँगी उसे
फिर माँगकर लाऊँगी नयी
झील

चलता रहेगा ये क्रम अनवरत सदी के
मुहाने से
अन्तिम द्वार तक।

ख़याल

नवजात ख़्वाहिशें
जो मुलायम हैं रेशम-सी
सहलाना आहिस्ता से उनके
कोमल रोंये, पालना उन्हें
जतन से, तबदील करना उन्हें ऊर्जा में
ताकि जड़ अपनी जमा सकें
ज़मीन की गहराई तक

ख़याल रखना उसमें पड़े छोटे-छोटे
दुधमुँहे बीजों का
मुँदी हैं पलकें जिनकी अभी
साँस लेना है जिन्हें अभी

आकार लेना है जिन्हें अभी।

बहाव

संवेदनाएँ
हृदय से ही नहीं
समूचे अस्तित्व से करती हैं विद्रोह
झिंझोड़ देती हैं कसकर
भीतर बह रहे हैं मौन उन्माद के दरिया को

पृथ्वी के माथे पर
नहीं पड़ती शिकन
समुद्र में कहीं नहीं आते चक्रवात
क्रन्दन नहीं करतीं लहरें
शिखर पर नहीं पिघलती बर्फ़
विस्मृत नहीं होतीं ख़्वाहिशें

यह कैसा बहाव है जो
अपने संग समय / परिवेश / हृदय
स्वत्व सभी को बहा ले जाता है।

अनुत्तरित प्रश्न

सम्पूर्ण परिवेश में
घूमते रहते हैं तमाम प्रश्न
तितलियों से उड़ते, चिड़ियों से चहकते

हालाँकि उन प्रश्नों का कोई अर्थ
नहीं हुआ करता है गाहे बगाहे उन
प्रश्नों को लोग
उलट-पुलटकर देखते हैं कभी और
बेमक़सद / बेबुनियाद टिप्पणी
जड़ते हैं
यद्यपि इन प्रश्नों को
कई बार कर दिया जाता है दर-किनार
फिर भी वे आते हैं स्वप्न में
दुःस्वप्न बनकर
उनका उत्तर तब भी
नहीं मिलता क्योंकि उन प्रश्नों का
कोई अस्तित्व नहीं हुआ करता

वे तो सिर्फ़ छोटे-छोटे रेंगते
कीड़ों की तरह लेते हैं जन्म लेते हैं और
होते रहते हैं विलीन

अतल गहराइयों में पृथ्वी की।

देह की पीर

सन्नाटे में बुनी परछाइयों में
चमकते हैं जुगनू सितारों से
उजाले में उनके दिखाई देती हैं
असंख्य अन्तहीन पगडंडियाँ
जिनका सफ़र जारी है
नि:शब्द उदासी के संग

गुंजायमान होती रहती हैं
अकसर सदाएँ बेचैन रूहों-सी
पहाड़ों से / शिखरों से / नदी से /
झरनों से / सूर्य की तपिश से /

चाँदनी की शीतलता से / अन्तर्मन
की वेदना से / देह पर जमे तीखे
आक्रोश से / उन असंख्य
अन्तहीन पगडंडियों से जिन पर
सफ़र अभी जारी है
बेआवाज़ उदासी के संग कि
सपनों को सृजन के धरातल पर
रचकर नया इतिहास बनाना है

लेकिन संवेदनाएँ न जाने क्यों
झर रही हैं ओस की बूँदों-सी,

जम रहा है कोई हिमखंड
उस सृजनात्मक आवेग पर
जिससे मेरा वजूद क़ायम है
रू-ब-रू हो रही है हृदय के अतृप्त
मरुस्थल में अचीह्नी-सी विकलता
तमाम एहसास के साथ कि
दफ़न हो जाएगी वह अनगढ़ पीर देह में कहीं
जिन्हें भावनाओं ने
कभी उकेरा ही न था जो
ऊर्जा थी / प्रेरणा थी / संघर्ष था / जीवन दर्शन थी।

स्मृतियाँ

स्वप्निल व्यक्तित्व
सतरंगी अस्तित्व! सदी का अन्तिम प्रहर
धुँधला गया चेहरा तुम्हारा
पेशानी पर अंकित हो गयीं असंख्य रेखाएँ
फिर भी स्मृतियाँ वर्तमान का रूप न धर सकीं कि
तुम्हारे गुलाबी गालों का तिल
भूरा था या काला

दरअसल तुम्हारा आवरण
हमेशा काल्पनिक रहा
तुम्हारा वजूद, तुम्हारी परछाईं
एक रूहानी हवा थी

फिर भी कौंधती रहती है स्मृति के
कोने-अतरे में
तुम्हारी चन्द्रकिरण-सी
मोहक स्मित, बाँध लिया करती थी
आलिंगन में मेरी अल्प वयस
अल्हड़ कोमलता को
जिसने न जाने कब आहिस्ता से
परिपक्वता की राह पर रख दिए
क़दम, सदियाँ बीत गयीं
और फिर

पोखर के जल-सी
ठहर गयी
श्वेत झुर्रियों के कोटर में
मौन आवाज़ लिये।

छोटे लोग

छोटे लोग ज़मीं पे उगते हैं
दूब की तरह बढ़ते हैं
पैरों तले रौंदे जाते हैं और ख़ामोश मौत
मर जाते हैं

बड़े लोग आकाश में उगते हैं
आकाश में ही रहते हैं, ज़मीन
क्या होती है
ये वो नहीं जानते हैं

बचे मँझले
ये उगते तो हैं
बढ़ते भी हैं लतर की तरह और
अचेतन मन की सतह पर परत-दर-परत
स्वप्नों को विकसित करते रहते हैं
जूझते रहते हैं स्वयं से
अन्तरिक्ष से आगे नहीं जा पाते
त्रिशंकु-सा बन
ख़्वाहिशों के साथ

स्वयं भी स्वप्नों के
केन्द्र बिन्दु बन जाते हैं।

पत्थर

पत्थर के गुण—

स्पन्दनहीन
कठोर
चिन्तामुक्त

मनुष्योचित गुण—

स्पन्दहीन
कठोर
चिन्तामुक्त

इतनी समानता!

पत्थर में प्रत्यक्ष
मनुष्य में अप्रत्यक्ष

कुछ दिनों में—

पत्थर मनुष्य में
मनुष्य पत्थर में
समा जाएँगे
अपने-अपने

वजूद के साथ।

आँखों में शाम

शाम उतर रही है बारजे से होती हुई
आँगन में, कितनी सुन्दर
कितनी इन्द्रधनुषीय
मगर कितनी उदास

आँगन में बीचोंबीच लेटी मैं
देख रही हूँ आसमान को
निरन्तर धुँधलाता देख रही हूँ

पसरा है सन्नाटा फ़िज़ा में
पुरसुकून-सा एक क्षण!
रात के आलिंगन में समाकर
शाम उतर आयी आँखों में

सितारे
रात भर पलकों पर टाँकते रहे
न जाने कितने चाँद

खिली-खिली-सी चाँदनी
रही मूक साक्षी
कि सौन्दर्य / उदासी / और
चाँद में

हो सकती है कितनी अन्तरंगता।

स्वगत

तुमसे भीगे वो ख़ामोश लम्हे
सिर्फ़ मेरे थे
मेरे अपने

तुमसे लिपटे मगर तुम्हारे नहीं
वो ख़ामोश लम्हे
जिनकी ज़बान न थी

महसूस हुए शिद्दत के साथ
जैसे एक ख़्वाहिश भरी ज़िन्दगी
जी लिया हो तुम्हारे संग

हालाँकि तुम कभी नहीं एहसास
कर पाओगे ये
एक टीस / एक व्यथा
तुम्हारे तिरस्कार से
उपजती है हृदय की तमाम
सतह पर
जो नितान्त मेरी अपनी है

खड़े हो तुम श्रद्धा के उस
पायदान पर जो आख़िरी भी
हो सकती है।

एहसास

उमड़ता है समुद्र
एक थरथराते वेग से
उस हिमद्वीप में जिसकी कहानी
परत-दर-परत दबी है
बर्फ़ीली चट्टानों में

नहीं मिलें वहाँ
सदियों से
पाँवों के निशाँ
अक्सर लहरें
भूलकर हिमद्वीप का रास्ता
आ जाती हैं मैदानी तलहटी में
रचती हैं खारे पानी का
इतिहास वहाँ
जो सूक्ष्म संवेदना का
एहसास लिये
पलकों पर टँक जाता है
दृश्यमान हुए बग़ैर
हिमग्लेशियर-सा

पिघले कभी तो
सम्भावित
दृश्यचित्र बने
किसी कलाकार की
कृति-का।

धूप के टुकड़े

छाँव को तलाशते
धूप के न जाने कितने टुकड़े
इकट्ठे हैं मेरे पास

क्या करूँगी इनका
सहेजकर रखने पर
टुकड़े
और भी तीखापन
ज़ाहिर करते हैं।

मज़मून

हृदय की गढ़न
हृदय की पीर
हृदय में ही रचती रहती है
तमाम कविताएँ
जिसका मज़मून अकसर
जुड़ा रहता है तुम्हारे वजूद से

अन्तर्मन से जब आती हैं वे
सतह पर
तो नाम तुम्हारा
होता है ग़ायब

यह कोई अजूबा नहीं
यह तो एक ज़रिया बनता
मथती हुई बेचैनी को
परछाइयों में ढालने का।

आरज़ू के मोती

झील का पानी खारा है या मीठा
पता नहीं, एक बार डूबना है उसमें
कई बार समुद्र में डूबना चाहा मगर
पटक देती हैं लहरें
लाकर तट पर

अब झील से मुख़ातिब हूँ
हो सकता है मेरी आरज़ू के मोती
झील की तलछट में मिल जाएँ

क्यों उसकी सतह पर तो
नावें चलती हैं या हंस तैरा करते हैं।

पलकों के भीतर

एक धीमी न सुनाई देने वाली चीख़
निरन्तर गूँज रही है वजूद में मेरे
उमड़ता है हृदय, हृदय में ही

समन्दर ठाठें मारता है पलकों के भीतर ही
देह थरथराती है एक अनजाने वेग से

होंठ बीनते हैं एक पैग़ाम
जो ख़्वाहिशों के साथ
चाँद पर उतर जाते हैं बेहद ख़ामोशी से

अदृश्य नहीं हैं वे
मगर नज़र नहीं आते हैं
जबकि होते है वे
जीवन का सबसे अहम हिस्सा।

मुट्ठी भर आसमान

आकाश में टँगी तमाम ख़्वाहिशों
में से
अपनी पसन्द की ख़्वाहिश
बीन लेना चाहती हूँ मैं
हमेशा के लिए

सहेजकर ज़िन्दगी की हर
सतह पर रखना चाहती हूँ
ताकि वो निरन्तर मुझे
प्रेरित करती रहें

मुट्ठी भर आसमान पाने के लिए
अपने हिस्से की धूप
स्याह आँचल में
भर लेने के लिए
ज़िन्दगी का एक हसीन टुकड़ा

हिस्से में आयी
बंजर ज़मीन पर
उगा लेने के लिए।

ज़िन्दगी का सफ़रनामा

सफ़रनामा ज़िन्दगी का तमाम
साक्षियों / बयानों को समेटे
अपने आप में इक इतिहास है

सफ़रनामा! शुरू हो गया था
उस वक़्त जब सितारों ने
अपनी दिशाएँ बदल लीं
ग्रहों ने पहचानने से कर दिया
इनकार

तब ढलने लगी ज़िन्दगी
अनचाही शै में, पुरज़ोर
संवेदनाओं का इतिहास बनाती
हुई, जब क़ैद हैं वे तमाम
रातें जिसमें ज़िन्दगी ज़िन्दा
हुआ करती थी और तमाम
दस्तावेज़ हैं उन लम्हों के
जो सदियों तक राहें तलाशते रहे

मगर नीला सूरज फिर हरा
न हुआ, मोतियों-सी चमकती
चाँदनी अँधेरों में उजास न
भर सकी, वसन्त मुर्झाए
फूलों को खिलखिलाहट न दे सका

क्या क़यास लगाओगे तुम!

पढ़ोगे जब इन दस्तावेज़ों को
तुम्हारे लिए शायद यह एक पल
की जुम्बिश होगी, मगर यह
सफ़रनामा साक्षी है उन
तमाम बेचैन रूहों का जिनपर से
गुज़रकर, मेरी ज़िन्दगी की
तमाम सदियाँ अपनी-अपनी
ख़्वाहिशों के साथ दफ़न हैं।

कामनाओं का राग

अमृता शेरगिल की दो नायाब
कृतियाँ तोहफ़े-सी आती हैं
मेरे पास, केशों में बुरूँश के
फूल लगाये होंठों पर तितली
लिये बैठ जाती हैं आकर
समीप मेरे

खिल खिल करती हैं वे परस्पर
उड़ पड़ती हैं तितलियाँ होंठों से उनके
करती हैं निरन्तर परिक्रमा

देह से उपजे धुँधलके में
सराबोर हो जाता है पूरा ब्रह्मांड
पंखों में उगे इन्द्रधनुषीय रंगों से
तब आत्मा की अनन्त
गहराइयों में बजता है कामनाओं
का राग कि
उन पंखों से अपनी पसन्द के
कुछ रंगों को लेकर जिजीविषा के
विशाल कैनवस पर लगाऊँ
बुरूँश के फूलों की कूँची बनाऊँ

चित्रित करूँ एक इतिहास, फिर
गर्भ से उसके यथार्थ जीवन
निकाल कर सृजित करूँ वर्तमान

जो तय करेगा भविष्य की
सीमारेखा।

कस्तूरीगन्ध

मैं निःशब्द हूँ आकार में ढालकर
शब्द दो मुझे ताकि मैं हाशिये
पर ला सकूँ अपने उरस्थल की
आकुलता

सच मेरी यह इच्छा नहीं है बेजा
तुम ही ने कहा था एक दिन—

''मैं बनाऊँगा शब्दचित्र तुम्हारा''

सिर्फ़ यह कहा ही नहीं था
वरन एक सदी, एक युग का
आह्वान किया था तुमने
मैं दीपशिखा-सी दाह से छटपटाती
नदी की जलधारा-सी
प्रचंड वेग से बह रही थी सपाट
मैदानों में, तब वादा किया था तुमने

''मैं गढ़ूँगा तुम्हारे लिए शब्दचित्र''

वन में भटकने वाली भ्रमित हिरनी-सी
मैं बार-बार ढूँढ़ने लगती तुममें
कस्तूरीगन्ध

तुम हर बार रूप बदलकर परिवेश /
काल / समय के हिसाब से आ खड़े
होते हो सामने मेरे, अधरों पर
मोहक स्मित बिखराये

मैं फिर अवश-सी समा जाती हूँ
उन शब्दचित्रों में, जिन्हें तुमने
सदियों पहले अँजुरी भर
देने का वादा किया था

मैं आज भी वैसे ही नि:शब्द
हूँ, तुम मेरे सारे
शब्दचित्र लेते गये अपने साथ
हमेशा-हमेशा के लिए।

नीम अँधेरे में

सम्पूर्ण परिदृश्य में एक कथा
उजागर होती है कि तमाम
मानवीय संवेदनाएँ त्रासदी का
शोक मनाती एक दमघोंटू
उदास वातावरण में तबदील
हो गयी बिना कोई राग सुनाये, बिना
कोई गीत गाये

न चाहते हुए भी उन्हें पाँव रखना
पड़ता है बंजर ज़मीन पर
जहाँ धारदार चट्टानें अपनी
अपनी सोच के साथ गुँथी हुई हैं पगडंडियों में
नुकीली चट्टानों के बीच चलते जाते हैं पाँव

पीड़ा से विगलित
छलछलाते अश्रुओं के संग कि
यहीं सरज़मीन आयी है पाँवों
तले, शायद यही अंजाम होता है
उन मूक आँखों का, जिन्हें पढ़
नहीं पाते लोग

त्रासदियाँ निरन्तर उनके संग
चलती रहती हैं अपना वजूद लिये

नि:शब्द / बेआवाज़
टूटती रहती हैं ख़्वाहिशें / बिखरती
रहती है देह कहीं

फिर भी धुन्ध के साथ नीम अँधेरे में
पलते रहते हैं सपने।

हवाओं से लिपटकर

देखूँगी जाकर वहाँ पीली पाती
जो हवा से लिपट कर उड़ आयी
ब्रह्मांड के उस ग्रह से
जहाँ बुद्ध का वास है। क्या भगवान
उसे यहाँ हरीतिमा प्रदान करेंगे?

मिल गया जो उसे यह जीवनदान
तो ढूँढ़ेगी वह एक दूसरा जीवन जो
भटक रहा है अनन्तकाल से रेगिस्तान
के बवंडरों में

खोज नहीं पा रहा वह अपनी सीमा
तय नहीं कर पा रहा वह अपनी दिशा

ढूँढ़ नहीं पा रहा वह अपना स्वत्व।

घरों में बन्द लड़कियाँ

घरों में बन्द लड़कियाँ
ओढ़ लेती हैं
समय से पहले परिपक्वता का बाह्य आवरण

देह की अल्पवयस कोमलता
बदलने लगती है भरे पूरे वन में
कपोलों पर सृजित होने लगते हैं गुलाब

हृदय की समूची भावनाएँ / कल्पनाएँ
सीमित रहती हैं आँगन में टँके आकाश जितनी
उनकी अल्हड़ता / उनकी मासूमियत से
भीगा अन्तस बुनता रहता है
तीव्र कामनाओं का सुनहरा संसार
जो सारे तटबन्ध तोड़कर
बहने को आतुर रहता है नदी-सा

रुख़ करती हैं जब वे
चहारदीवारी से बाहर
ज़मीन पर कितना सहमा हुआ-सा होता है
क़दम उनका
कितने संस्कारों से बँधा होता है
अस्तित्व उनका

धुली होती है उनकी पेशानी पर
वन में भटकी चकित हिरनी की आँखों की
पुतलियाँ

अनुभवहीन ख़्वाहिशें, व्यावहारिकता से परे
ढूँढ़ती रहती हैं क्षितिज तक
जाने का सपना, होता है जब सामना
असहज दुर्दमनीय बीहड़ लालसाओं से

महकने लगता है यौवन
पलाश के फूलों-सा
अन्तर्मन में घुमड़ती संवेदनाएँ
लगाने लगती हैं सम्पूर्ण ब्रह्मांड की
परिक्रमा, हृदय का स्पन्दन
उलझने लगता है चाँद सितारों से
और सूखते हैं जब पलाश के फूल
उड़ जाते हैं धूल भरी हवा के
संग यहाँ-वहाँ
रह जाती है अन्तस में एक असहनीय /
अकथनीय पीड़ा

समय से उलझती
टुकड़ा-टुकड़ा तोड़ती स्वत्व को
विचार मन्थन में डूबता हृदय
तब समझ पाता है सृष्टि का रहस्य
तब समझ पाती हैं भावनाएँ
बाह्य सौन्दर्य में डूबा
पुरुषोचित अहम् सौन्दर्य के क़सीदे पढ़
घरेलूपन का दर्जा देकर
लगा देता है विराम

मन:स्थल के परिपक्व होने से पूर्व ही
उसके सहस्त्रों प्रस्फुटित होती
विचारित कोंपलों पर।

जीने का सलीक़ा

कहीं घिसती हूँ, कहीं टूटती हूँ
ढूँढ़ती हूँ नन्ही रोशनी का
द्वीप, मगर वह तो जल में
डूबा है, दृष्टि से ओझल

लेकिन मैं नहीं बदलती 'स्व' को
चप्पल की तली-सा घिस जाने के बाद भी

कोमलता के टुकड़े
जिन्हें धीरे-धीरे सोख
रहे हैं हताशा के पल
स्याही के सोख़्ते-सा

मैं नहीं फेंक पाती उन तिनकों को
जो हवा (नियति) के झोंके से
टूट-टूटकर गिरे हैं मुझ पर
बझी (उलझी) है जिसमें
ज़िन्दगी

दरअसल विपरीत परिस्थितियाँ
ही हमें माँजती हैं, बनाती हैं
सक्षम, देती हैं एक सही-सही
ज़िन्दगी जीने का
पुरसुकून सलीक़ा।

कल्पना चावला को श्रद्धांजलि

सितारों के बीच चावला कहीं तो हो तुम
साफ़, शफ़्फ़ाक़ नीले रुपहले आसमान में

कई बार सितारों को
चलते देखा है
निश्चित ही तुम बतिया रही होगी
उन सिद्ध आत्माओं से
जो समय /काल/ देश की सीमा से
परे थे हमेशा, जैसे तुम

कल्पना तुम फिर लेना जन्म
कहीं इसी धरती की कोख में
अपनी तमाम नयी कल्पनाओं के साथ
मत सुलगने देना उन्हें, अपने
लड़की होने के एहसास से

तैयार करना
एक सशक्त, उपजाऊ
उर्वर भूमि, अपने सपनों के बीज
डालना
निश्चित ही उगेंगे उनमें
कर्मठ हाथ

जो दे पाएँगे आने वाली पीढ़ी को एक
सार्थक आसमान।

बर्बर सभ्यता की दास्तान

कालचक्र के पेड़ से गिरा
समय का टुकड़ा
आयी आँधी
समय उड़ा कतरा-कतरा

नहीं हो सकी सार-सँभाल उसकी
चक्रवातीय झकोलों के संग
उड़ता रहा कभी रेतीले
पठार में, कभी उपजाऊ मैदान में
कभी समुद्र की गहराइयों में,

कभी आ-आकर टकराता रहा जिस्मों से
जिस्म ढलते रहे कोरी स्लेट में
साँसें बनती रहीं गवाह

समय तबदील हो गया
रोशनाई के समन्दर में
डुबोकर कर्म की क़लम, लिखे गये
अनन्त क़िस्से
हर क़िस्से का बना अपना इतिहास
चित्र बने, सभ्यता बनी

दब गये पुनः समय की नीली

इबारतों से सदियों तक
युगों बाद...
टुकड़ों-टुकड़ों में बँट चुकी
जिस्म की स्लेट, हर टुकड़ा
आहिस्ता-आहिस्ता साँस लेता
सुना रहा था किसी आदिम बर्बर सभ्यता
की दास्तान।

नन्ही बच्ची की नियति

मैला-कुचैला अधफटा
ब्लाउज, उठंग लहँगा

ओढ़े तार-तार ओढ़नी
नन्ही बच्ची हाथ में लिये कटोरा
माँगती रोटी के चन्द लुक़्मे
भाल सुलबता में घुली असहनीय पीड़ा

हुसेन की पेंटिंग नहीं
भूखी है दो रातों से

तक रही हैं निगाहें
उसके अधफटे ब्लाउज़ को
तैर रही हैं होंठों पर उनके
बनैले पशु-सी हिंसक मुस्कान

क्या इस अंग प्रदर्शन की तुलना होगी
ग्लोबल दुनिया में
उत्पाद (शरीर) बेचती नारी से?
मिस वर्ल्ड, मिस यूनीवर्स के
अंग प्रदर्शन से?

कौन सी मजबूरी है उनकी?
कौन सी भूख है उनकी??

आएगी मौत बग़ैर आहट

पंगत में मिली ज़िन्दगी
होगा कहीं कोई उत्सव, कोई भोज
तब बैठेगी ज़िन्दगी पंगत में

ख़त्म होगा उत्सव तो नष्ट हो
जाएगी ज़िन्दगी की नन्ही-सी ख़ुशी
जो पंगत में बैठने से मिली थी

लेकिन ज़िन्दगी क़तार नहीं है
जो ब्रह्मांड के एक छोर से
दूसरे छोर तक मज़बूती से
पाँव जमाये खड़ी रहे,

आएगी मृत्यु बग़ैर आहट
दबे पाँव
टूट जाएगी ज़िन्दगी की क़तार

बड़ी सरलता से स्वतः ही।

असम्भव शब्दों की गीता

संवेदना में मेरी तुम्हारी नमी का एहसास
शनैः-शनैः तबदील होता है
तेज़ बारिश में

बारिश का टुकड़ा अनायास
धप्प से आ गिरा दामन में
भिगोता रहा देर पलकों से लेकर
ज़िन्दगी के अनमने ढंग से गुज़रे
जीने के सफ़र को, उसका
गीलापन तपाती रही तृष्णा को

रिक्तता का एहसास लिये, तुमसे उपजी मौन वेदना
निथरती रही स्मृतियों में
उगते-बनते बिम्बों में
अकथनीय उम्मीद बुझती रही
तुम्हारे इन्तज़ार में

फिर भी गीलेपन से उभरी
सीलन को दरकिनार कर हृदय
शब्दों को तोड़-मरोड़कर
संयोजित करता है
कभी असम्भव शब्दों की गीता सारगर्भित अर्थ में
शायद तबदील हो जाए।

सपनों की परिभाषा

कोई परिभाषा नहीं होती
उन सपनों की जो आदिम ख़याल से
लेते हैं जन्म

इस मिथ को अच्छी तरह
जानती हूँ फिर भी
संवेदनाएँ पीड़ा का दामन पकड़े
ऊसर ज़मीन पर ख़्वाबों के कल्ले
उगाती रहती हैं जैसे कि
सूरज के उगने व अस्त होने तक /
आकाश के आलिंगन से चन्द्रमा के
उदय होने और पुनः डूब जाने तक/
परछाईं के अँधेरे से उजाला

उजाले से अँधेरे में जाने तक
कोमल त्वचा को झुर्रियों में
तबदील हो जाने तक,
काले से सफ़ेद, सफ़ेद से काले
रंग में ढल जाने तक
फिर भी
हासिल नहीं होता मुक़ाम।

आस्था की अग्निपरीक्षा

हृदय की निराकार भावनाएँ
बुनती रहती हैं अनाम पीड़ा चुपचाप

नबी का ख़िताब दिया है उन्हें
मगर वो बनाते हैं अपने इर्द-गिर्द सुरक्षित
घेरा जहाँ प्रवेश वर्जित है
अवांछित हुजूम का, खड़े रहते हैं
लोग कतारबद्ध इन्तज़ार में सदियों तक उनकी एक झलक
पाने के लिए

टुकड़े-टुकड़े होकर बिखरती रहती हैं संवेदनाएँ पूरे आकाश में
मगर कोई क्रन्दन / कोई चीत्कार
नहीं पहुँचता उन तक
क्योंकि लपेट रखा है सुदर्शन
चक्र में स्वयं को

प्रवेश करने के लिए देनी होगी
अग्निपरीक्षा तुम्हें,
असफलता मिलने पर तुम्हें
लौटना होगा उसी समुद्र की ओर

जो युगों से तुम्हारी आँखों में
लहरा रहा है।

गाने दो उसे भी

एक उदास अव्यक्त दुख है मेरे पास
मुझसे कई गुना बड़ा

संवेदनाएँ/इच्छाएँ/हवा/पहाड़/नदी/
झरने/फूल/लतर/जंगल/शिखर
सभी समा जाते हैं इसमें

उदास अव्यक्त दुख बीच-बीच में पड़ाव
बनाता तो ठीक था,
मगर यह समेट लेता है
सम्पूर्ण व्यक्तित्व को आलिंगन में अपने
चूमता है उसके अधर
कहीं कोई सन्नाटा थरथराता नहीं /कहीं कोई
पंखुड़ी खिलती नहीं / कहीं कोई देह गुलाबी
होती नहीं

उदास अव्यक्त दुख
ढल जाता है तमाम बिम्बों में, एक बिम्ब
तुम्हारे रूप में आता है मेरे पास, सुख में
लपेटकर गाता है मीठी लोरियाँ
स्वयं नहीं ढलता सुख में
तब स्नेह तुम्हारा लगता है टीसने, पोरों से
टपकने लगती है पीड़ा कलियाँ

मुर्झा जाती हैं आकाश सँवला जाता है,
नदी हरहरा पड़ती है
देह में निकल पड़ती है आँखों से
महासमुद्र की रचना करने के लिए
काश! एक बार महसूस कर पाते तुम हमें
एक बार तुम्हारे दुलार से गढ़ पाते सपने

लेकिन तुम्हारा उपेक्षित भाव ही...
तारी रहता है ज़िन्दगी पर
एक उदास अव्यक्त दुख
जिसका गवाह वह बुत जो
सृष्टि के उदय के साथ ऐसे ही बुत
में तबदील है, सर्द, ख़ामोश...

कोई उसकी वन्दना नहीं करता
कोई उसकी नीली पड़ती उँगलियों में
जीवन नहीं भरता, तमाम आकुलता/
अतृप्त इच्छाएँ/जाने कितने घात-प्रतिघात
अपने में समेटे वह हरम की रानियों का सा
इतिहास है, गोद में उसकी ढूँढ़ती रही मैं
स्नेह की गर्माहट, ढूँढ़ती रही आँचल में
उसके किल्लोल करती तमाम ख़्वाहिशों
के बीज

कहाँ करूँ अन्त उसकी कथा का
अनन्त है, काल के समानान्तर है
उदास अव्यक्त दुख उसका

टपक पड़ती हैं हमारे बीच तमाम
वर्जनाएँ और दासत्व लेकर, कभी न
ख़त्म होने वाली पीड़ा की यशगाथा लेकर

कभी न पिघलने वाली हिम लेकर
कभी न हरी होने वाली उम्मीद लेकर
मिलता दुबारा जन्म
तो क्या माँगती मैं? स्वयं को भूलकर
उसके आँचल से उदास अव्यक्त
दुख का त्याग
क्या हुआ जो बालों में झाँक रही सफ़ेदी
क्या हुआ जो घिर आयी झुर्रियाँ चेहरे पर

खेलने दो उसे भी हरीतिमा से, चढ़ने दो
उसे भी शिखरों पर। भरने दो उसे भी
आलिंगन में अपने संवेदना की मोती।

गाने दो उसे भी उन्मुक्त आकाश में
पालने दो उसे भी उनींदी आँखों में ढेरों
सपने।

नींव का पत्थर

सफ़ेद नीला आकाश
कैनवास है तुम्हारा

राग रंग से भरा
विस्मृत होता तमाम कटु
स्मृतियों से
टाँक दो उस पर तुम
अपना भाव प्रवण मन
फिर देखना जो तस्वीर
उपजेगी
वह बनेगी नींव का पत्थर

जिस पर बुनते जाएँगे लोग
ढेरों स्वप्न
उन स्वप्नों की
बुनियाद में तुम्हारी ही
सृजित होगी ज़मीन।

ज़िन्दगी

संघर्ष में तबदील करो ज़िन्दगी को

देखना तुम्हारी ख़्वाहिशें कितनी
पारदर्शी हो जाएँगी
धवल चाँदनी-सी

ले जाएँगी तुम्हें
आसमान की उन ऊँचाइयों पर
जो कभी तुम्हारे वजूद की

परछाइयों में ढला करती थीं।

तुम्हारी स्मृतियों की वीणा

समुद्र विलीन कर लेता है
किसी भी नदी को अपने पोर-पोर में

सिहरती संवेदनाओं के साथ नदी जा मिलती है समुद्र से,
जाने कितनी गहराइयाँ, कितनी दुर्गम राहों
का सफ़र, कितने जीवन दर्शन के
रहस्य स्वयं में समेटे

सूर्य की रश्मियों से किल्लोल करती
हवा की लहरियों के संग
सहस्र अनुभवों से स्वयं को पकाती
समर्पित कर देती है अपना
सर्वस्व समुद्र को, बग़ैर किसी
स्वार्थ के।

बना लेता है समुद्र अपनी
अलग गहराइयों में एक झील

जहाँ नदी लहरों के
संग वायुवेग तरंगों-सी
मादक नृत्य करती, आमन्त्रण देती
है मुझे

समुद्र के आलिंगन में।
बहती हुई नदी गुनगुनाती है
कालचक्र के तमाम गीत
नहाती है समुद्र में, सोती है समुद्र में
शृंगार करती है समुद्र में, बना लेती है
तमाम शैवालों को अपना हमसफ़र
करती है उनके संग इन्द्रधनुषी रंगों से
भरे पूरे आकाश की सैर, जहाँ
टँका है मेरा मन सितारों-सा

तुम्हारी स्मृतियों की वीणा लेकर
सोचती हूँ छेड़ूँ कोई राग, मगर
न जा़ने कैसे तबदील हो जाता है
विराग में, शायद इसलिए कि
गुम हो जाएगी वह एक न एक दिन
समुद्र की गहराई में
शेष रहेंगी केवल
लहरें समुद्र की।

श्वेत दीवार पर

समय के ताक़ पर रखा स्मृतियों का ढेर
न जाने क्यों तबदील हो रहा है
रक्तवर्ण में

ताक़ से सटी उस श्वेत दीवार
पर, जहाँ पहले से ही स्मृतियों के तमाम
अवशेष चिह्न अंकित हैं प्रागैतिहासिक
चित्रों से, जो आज भी उतने ही
समकालीन हैं

अब स्मृतियों का दूसरा स्तर भी अंकित हो
जाएगा उन शैलचित्रों-सा जिनमें
प्रथम स्तर के चित्रों पर इच्छाओं के
रंग चढ़ाकर पुनः दूसरे स्तर पर
चित्रों को अंकित किया गया

मगर प्रथम स्तर के चित्रों का धुँधलापन
आज भी शेष है।

तुम्हारी विरासत

श्वेत पाखी से तुम्हारे नेत्र
कोरों में उनके देखती हूँ कोई अटका सपना
जिसे मैं बीनती चलती हूँ
एक अदृश्य विशाल परिधि में

पता नहीं इसका एहसास तुम्हें कभी
हुआ है कि नहीं
ज़िन्दगी में ख़ुशबू भरती
हवाओं को तो है, जो अक्सर दबे पाँव
आकर फुसफुसाती हैं कानों में

अस्पष्ट-सी भावना ले जाती है
उड़ाकर अपने साथ अचानक
मेरी सूखी संवेदनाओं का आँचल
ढँकने का प्रयास करती हैं

अपनी ख़्वाहिशों को
असफल होने पर ओढ़ा आती है समुद्र को
ज्वार-भाटे-सी थिरकती लहरें समेटकर बाँहों में
चुम्बन लेती उसके माथे पर
बिता कर कुछ लम्हे साथ-साथ
सौंप देती हैं शिखरों को, जहाँ बिछी होती है
धवल संगमरमरी हरियाली

सूखती संवेदनाओं के आँचल को
संगमरमरी हरियाली की ओस में गीला कर
उसमें लपेट देती हूँ स्वयं को
पंजे के बल शिखर पर खड़े
होकर तोड़ती हूँ चाँद का एक छोटा टुकड़ा
गठिया लेती हूँ
आँचल के कोने में

हाथों में महसूस होती है उसके स्पर्श से
बर्फ़-सी तरलता, पोंछ लेती हूँ चेहरे पर
गिर रही सूर्य की किरणों को
शीतल हथेली से

रखती हूँ बेहद सँभालकर
तुम्हारी विरासत के तौर पर
चाँद के उस छोटे-से अंश को
कभी लौट आये तुम तो? कभी माँग
लिया तुमने अपनी धरोहर तो??

नि:शब्द आहट

स्मृतियाँ!
क्या कहूँ मैं? क्या टिप्पणी दोगे तुम
जितना भी रखो सहेजकर
ढल ही जाती हैं
असंख्य छोटी-छोटी ख़्वाहिशों में

चाहती हूँ ख़्वाहिशों के कुछ पुष्प बीन-चुनकर
तुम्हारे होंठों पर रखूँ, फैलेगी कभी
सुगन्ध तो निश्चित ही, दर्ज
होगी नि:शब्द आहट उस शिखर तक
जिसका सम्पूर्ण अस्तित्व बर्फ़ीले
आवरण से ढँका है

होगा कभी कोई युग जब धूप से पिघलेगी बर्फ़
कभी कोई सदी
जहाँ मिलेंगी मेरी ख़्वाहिशें
तुम्हारी ख़्वाहिशों से

तुब सुनोगे एक ख़ामोश दास्तान
आदि से अन्त तक
(हालाँकि ख़्वाहिशों का कोई अन्त नहीं)
जैसे कि सुनाते हैं मानव मन की दमित
इच्छाओं को

आदिम काल से लेकर
आज तक के चित्र।

अँजुरी में प्रकाश

भीतर तुम्हारे–समुद्र–सी अतल गहराई में
उतरती चली जाती है तली तक
मेरी परछाईं

जहाँ प्रकाशपुंज की एक सपनीली
आभा है थोड़ा–सा प्रकाश
अपनी–अपनी अँजुरी में भरकर
लौट आती हूँ अपने नीड़ पर
फैला देती हूँ उसे

अवसाद में बहती संवेदनाओं पर
खिलता है तब एक पुष्प सूर्य रश्मियों का
पूरी मादकता के साथ
उतरती है जैसे अल्हड़ नदी
पहाड़ी से हरहराती, खिलखिलाती
बहती है प्रचंड वेग से मैदानों में

वैसे ही बहती हैं मेरी संवेदनाएँ
थोड़े–से प्रकाश में तुम्हारे।

उदासी में सिमटी पृथ्वी

सन्ध्या के मृदुल मौन में
समुद्र की सतह पर लेटी
देख रही थी वह
आकाश में अंकुरित होते तारे

लिख रहे थे वे
तमाम कविताएँ,
कविताएँ जा रही थी नंगे पाँव
आकाश गंगा से मिलने।

उनके माथे पर सजी दूधिया बिन्दी
रच रही थी एक प्रकाशपुंज
जो आलोकित कर रहा था पृथ्वी की
अलसायी देह को, उदासी में सिमटी
पृथ्वी ने विहँस कर ली अँगड़ायी
खिल पड़ी तरुणायी-सी
बिखर गयी इक मादक सुगन्ध छीजते
सन्नाटे में, गा रही थी सृष्टि भी
एक नयी कविता

सम्मोहित-सा पर्वत शिखर शीश झुकाकर
बीनता रहा समुद्रतल से अलभ्य

प्रेमदर्शन के मोती जो बन्द पड़े थे
पवित्रता की सीप में

वर्षों से खुलने की प्रतीक्षा में।

रेत ही रेत

कितनी बार बरसे होंगे मेघ
कितनी बार भीगा होगा जीवन

पर अविचल रहा मेरा धैर्य
पेशानी पर पड़ी रेखाओं को
गिनने के निरन्तर क्रम में जब भी
क्षितिज के उस पार दृष्टिपात किया
तो हर बार तुम्हारी शै से रू-ब-रू हुआ
वजूद मेरा

जानती हूँ तेज़ हवा के संग वहाँ
मरीचिका-सी उड़ रही है रेत ही रेत
वे आँखों में किसी की
नहीं भर सकती हैं स्वप्न
सूखती संवेदनाओं को
नहीं दे सकती हैं नमी

जीने का उद्देश्य नहीं बन सकतीं वे
फिर भी चाहे-अनचाहे शामिल हो ही जाता है मेरे हरेक प्रयास में
अवचेतन के किसी स्तर पर
बेहद ख़ामोशी से निरन्तर
संवाद करता हुआ,

गाहे-ब-गाहे
मिलती रहती है जिससे मुझे
तरल ऊष्मा

संघर्षों से
दो-चार होने के लिए।

पिघलती घड़ियाँ

हवाओं के साथ उड़ते पत्ते
ऐसे ही उड़ा होगा मन
सल्वाडोर डाली का
जिसने भीगी घड़ियों को
वृक्ष के तने पर लटका दिया
और चित्र का नाम दिया
पिघलती घड़ियाँ

कल्पना करें पिघल जाएँ यदि
दुनिया की सारी घड़ियाँ
तो होगी कौन-सी त्रासदी?
कौन-सी घटना के रूप में होगी अंकित?

वह थी एक अतियथार्थवादी कलाकार
की कल्पना
जितनी सत्यता है इसमें
उतनी ही समकालीनता भी

जब निर्मित हुई थी तब भी
और आज के सन्दर्भ में भी।

अपना मान

आकाश की नीली / आसमानी मुँडेर
पर बैठे अनन्त श्वेत पाखी
भर रहे थे उजास / पवित्रता / प्रेम
पृथ्वी की कोख में अंकुरित होते
नन्हे बीजों में

पौधे बनकर उगे थे वे उस रेशमी
आँचल में जहाँ तुम्हारी सूफ़ियाना
मुस्कराहट थी घुली हुई थी
खिल गये थे तमाम पलाश वन
उग रही थीं कोपलें नयी उम्मीद/नया
सृजन के संग

तब बन गया था आभामंडल तुम्हारी
खोई-सी पलकों के पीछे
न जाने किस प्रेरणा से वशीभूत
होकर मैंने रख दिया था अपना मान
तुम्हारे चरणों पर, चढ़ा दिये थे तुम पर
अपनी संवेदना के पुष्प

तुम्हारे जाने के बाद वे सूख गये थे
वहीं पड़े-पड़े, भर लिया था हवाओं ने अपनी
नर्म हथेलियों में उन्हें

ले आयी थीं संग अपने जल में विसर्जन
करने वे फिर आ लगे थे बहते हुए
तुम्हारे तट पर

मेरी ख़्वाहिशों के युग पुरुष!

मेरा मौन कहता है तुमसे
पँखुड़ियों पर उनकी छाने न दो समय का
पीलापन
नहीं तो
मुर्झा जाएगा सूरज अपनी किरणों में ही
उदास हो जाएँगी हवाएँ कि अँजुरी में
भर कर विसर्जित किया था बहती
नदी में
पायी थी मुक्ति उन्होंने वहाँ
फिर आ लगे थे वे तुम्हारे ही तट पर
कि पुनः अवसर मिला पाती को हरापन पाने का
फूलों को गुलाबी होने का
कि पुनः जन्म मिला
मान अपना
तुम्हारे चरणों में चढ़ाने का।

रेतीली पगडंडियों पर

तुम्हारी ख़ामोशी को वीणा बनाकर
रखूँगी उस पर अधर निश्चित ही
उसमें होगा कम्पन जैसे सुनसान
नीरवता में पंख पसारे लेटा
विशाल समुद्र थरथराता है

नन्ही चिड़िया की डुबकी
चहचहाहट से भर देती है समुद्र में मधुर संगीत
झूम उठता है अपनी लहरों के संग
आकाश तक
ऐसे ही मैं भी कम्पन के संग प्रस्फुटित होती
तान को आँचल-सा लपेट लूँगी
देह पर, उम्मीदों के सीप में पलते मोती को
माथे पर धरकर चलूँगी नंगे पाँव
रेतीली पगडंडियों पर।

अंकित होते जाएँगे उर स्थल में मेरे
तुम्हारी अन्तहीन स्मृतियों के सुर्ख़ निशान
सदी के उस द्वार तक
जिसमें से गुज़र कर

मुझे तुम तक पहुँचना है।

यक्ष प्रश्न

सदियों से स्त्री मन की कोमलता की
पंखुड़ियों को नोचकर
इक आकार देता आया है पुरुष,

उसके इन्द्रधनुषी सपनों पर
देह के रंग चढ़ाता आया है पुरुष

क्या सम्बन्ध सिर्फ़ साकार
रूप में ही जीवित रहते हैं?
क्या जिस्म की भाषा से परे
कोई भाषा नहीं है?

स्नेह की भाषा / आत्मीयता की भाषा
किन संवेदनाओं के
पर्याय हैं ये?

क्यों हर भावना / हर ख़्वाहिश को
दायरे में बाँधना चाहता है पुरुष?
क्यों उसकी कोमलता / मासूमियत
को ग्रहण लगाना चाहता है पुरुष?

सदियों से उठा यह प्रश्न
यक्ष प्रश्न में ढल चुका है कि

क्या आदिम काल से आज तक
स्त्री मन की कोमलता को
समझ नहीं पाया है पुरुष?

या फिर उसकी भावनाओं की
सीमा को
स्पर्श नहीं कर पाया है पुरुष??

केवल एक शरीर

तुम्हारी नज़र में
एक लड़की नहीं हूँ मैं

एक भावना नहीं हूँ मैं
एक सौन्दर्य नहीं हूँ मैं
केवल एक शरीर हूँ मैं
एक परछाईं हूँ मैं
जिस पर से गुज़रकर
हर कोई चलना चाहता है

एक नि:स्वार्थ भावना की
आकांक्षा होती है जब
तब स्वार्थ की अनन्त
पगडंडियाँ डेल्टा बनाती
हैं आलोक पथ में, भटकने लगती हैं
परछाईं वजूद से अपने
क़तरा-क़तरा
गिरने लगती है हर शै
धार के मरुस्थल में

जहाँ तृष्णा है अनन्त तृष्णा!!

एक हुजूम से दूसरे हुजूम में

अवसरवादिता का
अवसर तलाशते

एक हुजूम से दूसरे हुजूम
में शामिल होते लोग

दूसरों की संवेदनाओं / एहसासात
को चर्चा का विषय बना
उनकी विवशताओं पर
अट्टहास करते लोग।

घर

नश्वर देवता / अनश्वर देवता
पता नहीं, देखा नहीं कभी

स्वप्न दुःस्वप्न में भी नहीं

हाँ, मगर स्वप्न में देखा है
रेत की नींव पर बना घर
मोम के आवरण से ढँका
बूँद-बूँद पिघलता

लहरों पर
चहारदीवारी से बना
सन्नाटों से बुना / सुर्ख़ अँधेरे से ढँका
स्पन्दनहीन / चेतनाहीन

कहीं दूर बर्फ़ीले पहाड़ के
शिखर पर
अपनी भीगी पलकों को बन्द
करता हुआ

हाँ वह घर ही था
जो कल रात
ख़्वाब में मुझसे
रू-ब-रू था।

तब कोई नहीं बचेगा

काली हाँड़ी में पकता सूरज
दहक रहा है लाल-लाल

न जाने कब से पक रहा है अपनी
बेचैन रूहों के साथ
पकने दो उसे

तुम्हारी छाती पर सिर रखकर मैं
बीन लूँगी छोटे-छोटे सुख
बचाऊँगी उन्हें काली हाँड़ी में
पकते सूरज से

निरन्तर गिर रहा है लावा उसका
पृथ्वी पर
और पृथ्वी?
भस्म होती जा रही है उसकी
उष्णता से
किसी भी दिन
पूरी तरह राख के ढेर में
तबदील हो जाएगी।

काली हाँड़ी में पकता सूरज
साथ में पक रही हैं उसकी रश्मियाँ

तमाम बुदबुदाहटों आँसुओं के संग
पकते-पकते आँसू सूख
जाएँगे, सूख जाएगा अहंकार
तब उस काली हाँड़ी में नहीं होगी
कोई आवाज़ / कोई आहट
लेकिन सूरज दहकता रहेगा
बदस्तूर
एक समय आएगा
दहकपन से लगेगी पिघलने
काली हाँड़ी / लगेगी जलने
सम्पूर्ण तीव्रता में
और
टूट जाएगी तड़ाक से...
निकल आएगा सूरज बाहर
दहकता
अपनी तमाम बेचैन रूहों के साथ

उसके ताप से तब नहीं
बचेगा कोई, तुम भी नहीं

अशेष अवशेष भी नहीं।

हम तो बस यूँ ही

परत-दर-परत होती अनावृत्त
प्याज़ के छिलकों-सी स्मृतियाँ, टटोल
रही हैं मन कहीं तो ज़मीं होंगी तुम्हारे स्नेह
की रश्मियाँ / कभी तो लाड़-दुलार भरी
बातों से भीगा होगा मन, तुम्हारा ही
अंश था यह अस्तित्व, हाँ तुम्हारा ही
तो? फिर कैसे इतने निर्मम / इतने निर्मोही
बने रहे कि उम्र के किसी भी
पड़ाव पर तुम्हें कभी यह एहसास ही
नहीं हुआ कि हमें
तुम्हारी ज़रूरत है कितनी

तुम्हारी एक प्रेरणा / एक
प्रोत्साहन हमें ब्रह्मांड के उस छोर तक
ले जाता, जहाँ हम अपनी ख़ुशियाँ /
अपना भविष्य दोनों हाथों से लाते बटोर

तुम्हारा एक स्नेहिल स्पर्श हमें
संघर्ष के दौर में भी देता न टूटने, पीड़ा
से होने न देता विचलित,
उन तमाम मासूम रातों में जब ढेरों स्वप्न
पलते होते पलकों पर, बनिस्बत
आँसुओं की निःशब्द धार में हम भीगते न होते

अपनत्व दिया होता यदि तुमने
तो राहों के उन तमाम मोड़
पर जहाँ असंख्य पगडंडियाँ
उगी होती हैं छोटे-छोटे पौधों-सी, परछाइयों में ढलकर हम
निरुद्देश्य नहीं भटकते होते
मगर तुमने अपने सुरूर / अपने अहम् को
जीवन का सर्वाधिक महत्त्वपूर्ण अंग माना

हम तो बस यूँ ही...
सत्य को साकार करने की
शाश्वत परिभाषा बने रहे।

सर्द एहसास में

खारे समुद्र में स्वाद मिश्रित बूँदें
घुल रही हैं नमक में जैसे
घुलता है रक्त
अस्थि-मज्जा में।

सूर्यग्रहण / चन्द्रग्रहण
कौन-सा ग्रहण है जीवन में
कि मुस्कराहट घुल रही है सर्द एहसास में

कौन जाने?
मगर कविताएँ
मुझे जीवन दान देती हैं
जो बनी हैं रक्त / अस्थि / मज्जा / सूर्यग्रहण / चन्द्रग्रहण/
स्वप्न / संवेदना / इच्छा से।

काले पर्दे से झाँकती ख़ामोशी

काले पर्दे से झाँकती तमाम ख़ामोश आँखें
जिनमें छिपी न जाने कितनी सदियों की
बेचैनी, छलक जाती हैं अक्सर वे
काले पर्दे से ज़मीन पर

राह में पड़े-पड़े ताका करती हैं
सृष्टि में उगे ख़ूबसूरत रंगों को
आते-जाते कई बार होता है ऐसा
मिल जाती हैं वे बेचैनियाँ मुझे भी,
टीसती रहती हैं न जाने कितनी रातों तक
सुनाती हैं गुनाहों की कहानियाँ

कहा जाता है काली रात / काली दाल में
कालिमा होती है बहुत
छुपे होते हैं इनमें स्याहपोश
कारनामें, काले पर्दे जिनकी
सिवन है उन जिहादियों के हाथ में
जो छेड़कर ख़ुदा के नाम पर जिहाद
लड़ रहे हैं जंग मानवता के ख़िलाफ़
अनचाहे ही शामिल है इसमें काले पर्दे का वजूद
जो साधन है उनके
मनोरंजन का

सुनता है कौन काले पर्दे की ओट से
आती चीत्कार / सुनता है कौन उन्हें
दुत्कारने की आवाज़ / कौन देखता है
उनकी आँखों के नीचे घिर आये
स्याह घेरे को।

कौन महसूस करता है
साल-दर-साल बच्चे जनने की उनकी
पीड़ा को

कोख स्त्री की निर्णय पुरुष का!

नियति की मार...

सच तो यह है / पूरे विश्व में / बाज़ार में
हर सम्प्रदाय / हर धर्म में
स्त्री
तुम देवी या
दासी हो।

□□□